AF591992

ÉLEMENS
THÉORIQUES ET PRATIQUES
DE MUSIQUE;

Par M. MARCOU, *Ordinaire de la Musique du Roi.*

Prix 2 ₶

A LONDRES;

Et se trouve à P*ARIS*,

Chez la Veuve BALLARD & Fils, Imprimeurs du Roi, rue des Mathurins.

Et à V*ERSAILLES*,

Chez BLAISOT, Libraire, rue Satory.

M. DCC. LXXXII.

AVERTISSEMENT.

Les différentes Méthodes de Musique qui ont paru jusqu'à ce jour, auroient pu me dispenser d'en faire une; mais je me suis fait un devoir de répondre à l'envie que plusieurs de mes Elèves m'ont marquée, d'avoir par écrit des observations que l'on se contente de faire à la leçon, & que l'Ecolier oublie presqu'aussitôt : c'est donc pour suppléer au manque de mémoire, que j'ai jugé à propos de joindre aux principes connus; 1°, le détail des Dièzes & des Bémols qui sont nécessaires dans les différentes Gammes, tant majeures que mineures. 2°. La maniere de connoître la Gamme dans laquelle on chante. 3°. Le moyen de ſavoir combien ces mêmes Gammes exigent de Dièzes ou de Bémols à la clef. 4°. La ſignification des deux chiffres dans les meſures compoſées.

Si quelques autres remarques, jointes à ces obſervations, mettent les Élèves à portée de pouvoir étudier ſeuls en l'abſence du Maître, j'aurai rempli le but que je m'étois propoſé : c'eſt dans ce deſſein que j'ai rendu ce petit Ouvrage portatif, afin qu'il ſoit plus aiſé d'y recourir au beſoin.

ELÉMENS THÉORIQUES-PRATIQUES DE MUSIQUE.

IL y a dans la Musique ſept notes ; qui ſe nomment *ut, re, mi, fa, ſol, la, ſi*, pour former ce qu'on appelle la Gamme, on répete l'*ut* qui fait octave avec celui d'en bas ; cette octave étant la replique du premier ſon, s'appelle auſſi uniſſon : ces notes ſe poſent ſur cinq lignes & dans les intervalles qui les ſéparent ; parmi ces cinq lignes, on ne comprend pas celles qu'on ajoute ſelon le beſoin, au deſſus ou au deſſous.

Les notes ſe connoiſſent par le moyen

de trois clefs, qui sont la clef d'*ut*, la clef de *sol*, & la clef de *fa*. La clef d'*ut* se fait ainsi [clef d'ut] & se pose sur la premiere, seconde, troisieme & quatrieme lignes en montant: dans la figure qui représente cette clef, on remarque deux petits quarrés ; c'est sur la ligne qui les traverse que la clef est posée, la note qui est sur cette même ligne prend le nom d'*ut*.

EXEMPLE.

La clef de *sol*, ainsi figurée [clef de sol], se pose sur la premiere & seconde ligne en montant; la figure qui représente cette clef, se termine en bas par une espece de rond. La ligne sur laquelle la clef est posée, est celle qui passe au milieu de ce rond ; la note qui se trouve sur cette ligne prend le nom de *sol*.

EXEMPLE.

sol sol

La clef de *fa*, faite en forme de C renverſé, accompagné de deux petits points 𝄢, ſe poſe ſur la troiſieme & quatrieme ligne en montant : c'eſt ſur la ligne qui traverſe les deux points, que la clef eſt poſée ; la note placée ſur cette même ligne, prend le nom de *fa*.

EXEMPLE.

fa fa

La Gamme *ut*, *re*, *mi*, *fa*, *ſol*, *la*, *ſi*, *ut*. eſt compoſée de ſept intervalles ; les uns ſous la dénomination de ton, les autres ſous la dénomination de demi-ton. Les ſept intervalles ſont autant de dégrés que la voix parcourt en s'élevant de l'*ut* d'en bas à l'*ut* d'en haut, lorſquelle entonne ſucceſſivement les ſons *ut*, *ré*, *mi*, *fa*, *ſol*, *la*, *ſi*, *ut*, il y a de l'*ut* au *ré*, un ton ; du *ré* au *mi*, un ton ; du *mi* au *fa*, un demi-ton ; du *fa* au *ſol*, un ton ; du *ſol*, au *la*, un ton ; du *la* au *ſi*, un ton ; du *ſi* à l'*ut*, un demi-ton.

EXEMPLE.

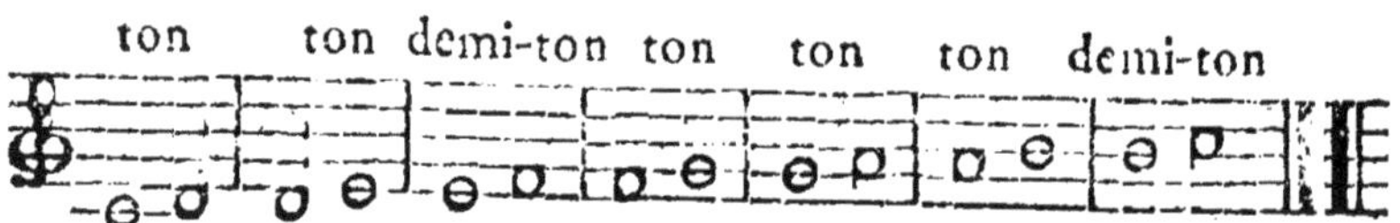

La Gamme d'*ut* eſt donc compoſée de cinq tons & de deux demi-tons.

On diſtingue deux ſortes de degrés ; le degré conjoint & le degré disjoint : le degré conjoint ſe rencontre entre deux notes qui ſe ſuivent immédiatement, comme d'*ut* à *ré*, & le degré disjoint, entre deux notes qui ne ſe ſuivent pas immédiatement, comme d'*ut* à *mi*, d'*ut* à *fa*, &c. Les uns & les autres peuvent ſe reduire à ſept, qu'on nomme Seconde, Tierce, Quarte, Quinte, Sixte, Septieme, & Octave.

Ces intervalles se distinguent en intervalles justes, majeurs, mineurs, superflus & diminués. On ne parlera ici que de ceux qui sont utiles à un commençant, & qui sont renfermés dans la Gamme d'*ut*, telle qu'elle est ci-dessus.

La Seconde majeure est composée d'un ton, comme d'*ut* à *ré*; la Seconde mineure d'un demi-ton, comme de *mi* à *fa*.

La Tierce majeure est composée de deux tons, comme d'*ut* à *mi*; la Tierce mineure d'un ton & d'un demi-ton, comme de *ré* à *fa*.

La Quarte (sous la dénomination de Quarte juste) est composée de deux tons & d'un demi-ton, comme d'*ut* à *fa*; il y a encore une autre espece de Quarte, qu'on nomme Superflue ou Triton; celle-ci est composée de trois tons, comme de *fa* à *si*.

La Quinte (sous la dénomination de Quinte juste) est composée de trois tons & d'un demi-ton, comme d'*ut* à *ſol*: celle qui ſe trouve de *ſi* à *fa*, eſt une Quinte diminuée appellée communément fauſſe Quinte; elle eſt compoſée de deux tons & de deux demi-tons.

La Sixte majeure eſt compoſée de quatre tons & d'un demi-ton, comme d'*ut* à *la*; la Sixte mineure de trois tons & de deux demi-tons, comme de *mi* à *ut* en montant.

La Septieme majeure eſt compoſée de cinq tons & d'un demi-ton, comme d'*ut* à *ſi*; la Septieme mineure de quatre tons & de deux demi-tons, comme de *ré* à *ut*.

L'Octave compoſée de cinq tons & de deux demi-tons, remplit toute l'étendue de la Gamme, depuis l'*ut* d'en bas juſqu'à celui d'en haut; cet intervalle, ainſi que la Quarte & la Quinte, s'appelle juſte, & ces trois intervalles ſont toujours cenſés tels, à moins que l'on n'y ajoute quelque dénomination particuliere.

EXEMPLE.

On peut former autant de Gammes qu'il y a de notes dans la Musique : la Gamme d'*ut* se nomme ainsi, parce qu'elle commence & finit par *ut* ; on voit par-là, qu'en commençant par une autre note, on formera une autre Gamme, & celle-ci prendra le nom de la note par laquelle elle commencera.

On distingue les Gammes en majeures & en mineures. Lorsque l'intervalle de la premiere note à la troiſieme eſt de deux tons, la Gamme eſt majeure; quand cet intervalle n'eſt que d'un ton & d'un demi-ton, la Gamme eſt mineure.

EXEMPLE.

Cette ſixieme note + de la Gamme mineure ſe dièze très-ſouvent, quand on paſſe à la ſeptieme; mais ce dièze accidentel n'entre point eſſentiellement dans la compoſition de cette Gamme.

Ces deux exemples ſervent de modele pour toutes les autres Gammes, tant majeures que mineures; la Gamme d'*ut* eſt le modele des Gammes majeures:

la Gamme de *la* est celui des Gammes mineures; l'ordre des tons & des demi-tons de ces deux Gammes, doit donc être suivi dans toutes les autres Gammes; pour que l'ordre des tons & des demi-tons dans celles-ci soit le même que dans les Gammes d'*ut* & de *la*, on se sert de deux signes, dont l'un se nomme *Dièze* & l'autre *Bémol.*

Le Dièze se fait ainsi *, il sert à hausser d'un demi-ton la note devant laquelle il est posé. Il y a des Gammes qui pour devenir conformes à celle d'*ut* ou à celle de *la*, exigent un dièze, d'autres deux; il s'en trouve qui en exigent jusqu'à sept.

EXEMPLE.

Gamme naturelle d'*ut*.

Exemple des Gammes majeures par Dièze, comparées à la Gamme majeure d'*ut*.

Gamme mineure de *la*.

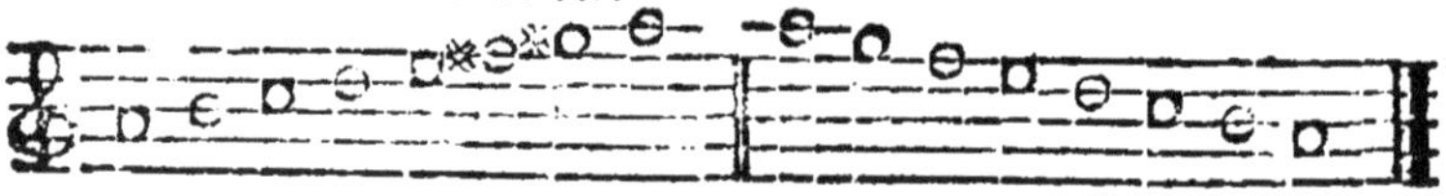

Exemple des Gammes mineures par Dièze, comparés à la Gamme mineure de *la*.

Les Dièzes se posent à la clef de Quinte en Quinte (*a*), en montant ; le premier se pose sur *fa*, le second sur *ut*, le troisieme sur *sol*, le quatrieme sur *ré*, le cinquieme sur *la*, le sixieme sur *mi*, & le septieme sur *si*.

Le premier Dièze se pose sur *fa*, parce que les Dièzes doivent être posés

(*a*) Il faut observer que monter de quinte ou descendre de quarte, c'est même chose.

par intervalles de Quinte juste, & que de quelque note que l'on parte en montant, le premier intervalle de Quinte, que l'on trouve altéré, c'est-à-dire qui n'est pas juste, est celui de *si* à *fa*; en effet, cet intervalle est de deux tons & de deux demi-tons, & la Quinte, pour être juste, doit être de trois tons & d'un demi-ton: le même principe sert à dièzer toutes les autres notes, chacune dans l'ordre qu'on vient de leur assigner.

EXEMPLE.

Le Bémol se fait ainsi ♭: il sert à baisser d'un demi-ton la note devant laquelle il est posé. On rend avec ce signe, comme avec le Dièze, toutes les Gammes semblables à celles d'*ut* & de *la*, qui servent de modèle aux autres: il y a des Gammes qui, pour cet effet, exigent un Bémol, d'autres deux; il en est qui en exigent jusqu'à sept.

EXEMPLE.

Gamme mineure de *la.*

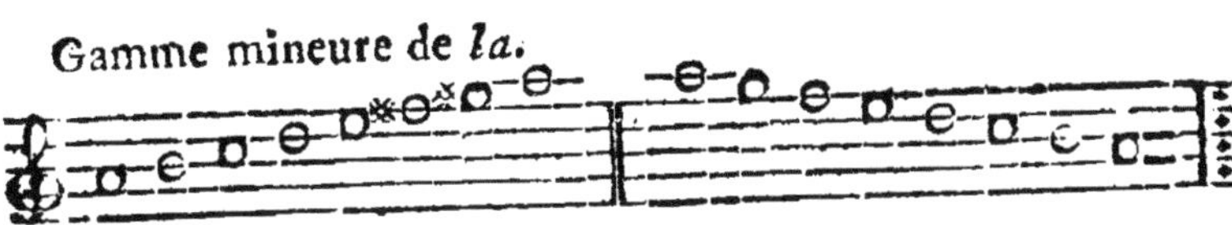

Exemple des Gammes mineures par Bémols, comparées à la Gamme mineure de *la*.

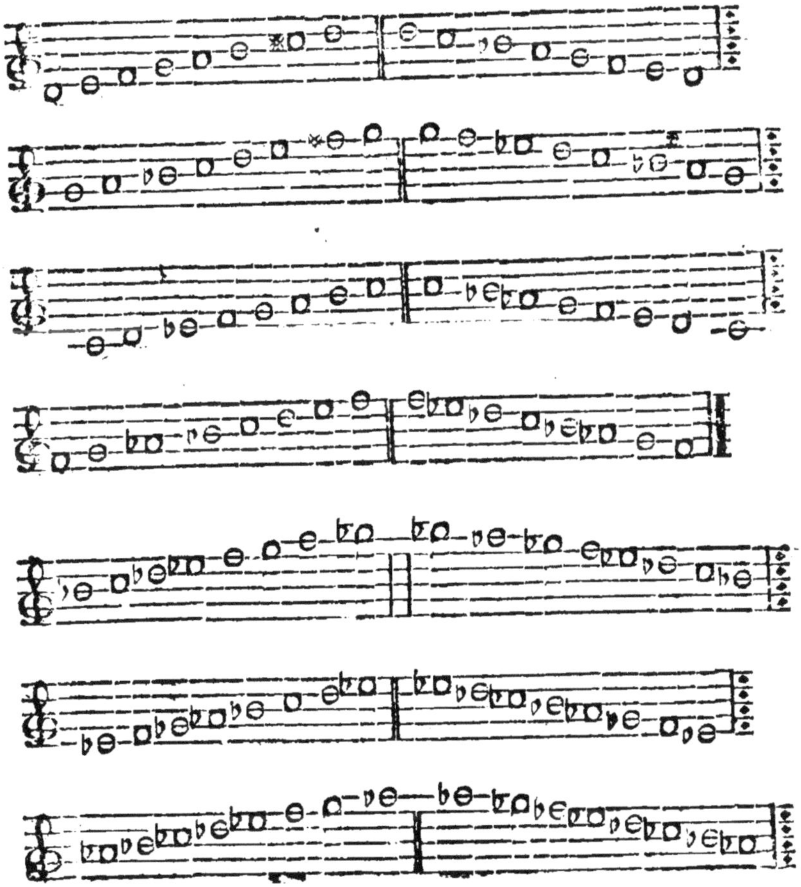

Gamme majeure d'*ut*.

Exemple des Gammes majeures par Bémols, comparées à la Gamme d'*ut*.

Les Bémols ſe poſent à la clef de quarte en quarte (*a*) en montant; le premier ſe poſe ſur *ſi*, le ſecond ſur *mi*, le troiſieme ſur *la*, le quatrieme ſur *ré*, le cinquieme ſur *ſol*, le ſixieme ſur *ut*, & le ſeptieme ſur *fa*.

Le premier Bémol ſe poſe ſur *ſi*, parce que les Bémols doivent être poſés par intervalle de quarte juſte, & que de quelque note que l'on parte en montant, le premier intervalle de quarte, que l'on trouve altéré eſt celui de *fa* à *ſi*; en effet cet intervalle eſt de trois tons, & la quarte, pour être juſte, doit être ſeulement de deux tons & un demi-ton: le même principe ſert à bémoliſer les autres notes dans l'ordre qui vient de leur être aſſigné.

EXEMPLE.

On rencontre un troiſieme ſigne que l'on nomme *Béquarre* & qui ſe fait

---

(*a*) Il faut obſerver que monter de quarte ou deſcendre de quinte, c'eſt même choſe.

ainſi : ♮ il ſert à remettre la note dans ſon ton naturel, lorſqu'un Dièze ou un Bémol l'en a fait ſortir.

EXEMPLE.

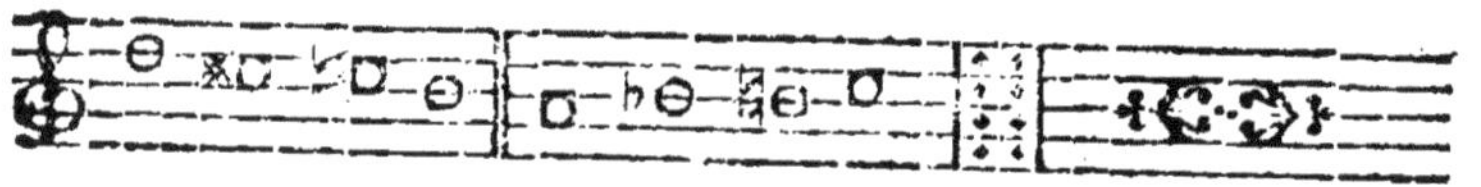

Le Dièze & le Bémol étant des moyens d'élever ou de baiſſer à volonté une note quelconque, il eſt aiſé de concevoir que l'intervalle d'un ton, d'*ut* à *ré*, pris pour exemple, ſera toujours d'un ton ſi chacune de ces notes eſt élevée d'un Dièze ou baiſſée d'un Bémol ; ainſi de même qu'il y a d'*ut* à *ré* intervalle d'un ton, il y aura même intervalle d'*ut* ✱ à *ré* ✱ ; même intervalle d'*ut* ♭ à *ré* ♭ : d'où l'on peut conclure que, ſi dans la Gamme d'*ut*, on met ſept Dièzes à la clef, l'ordre des tons & des demi-tons ſera le même qu'auparavant, avec la différence néanmoins, que les notes ſe trouveront toutes hauſſées d'un demi-ton.

Il en ſera de même de la Gamme de *la*, ſi on met ſept Bémols à la clef, l'ordre des tons & des demi-tons n'en sera point changé; toutes les notes se trouveront seulement baissées d'un demi-ton; aussi n'emploie-t-on gueres les sept Dièzes ou les sept Bémols, que dans les leçons élémentaires, & cela, pour montrer aux Eleves que ces deux signes peuvent se poser sur sept notes comme sur cinq; dans la Musique ordinaire, il est rare de trouver plus de cinq Dièzes, ou de cinq Bémols à la clef.

Comme on en rencontre quelquefois six dans des leçons élémentaires, & que la plupart des Eleves trouvent que le chant en devient trop difficile, on peut se servir d'un moyen qui, sans déranger l'ordre des intervalles, diminue beaucoup la difficulté; c'est lorsque dans une Gamme il se trouve plus de notes Diezes que de notes naturelles, c'est, dis-je, de regarder celles qui sont Dièzes comme naturelles, & celles qui sont naturelles comme Bémols; par exemple: si on trouve *fa*, *ut*, *sol*, *ré*, *la*, *mi*, Dièzes à la clef, il faut regarder ces six notes

Dièzes comme naturelles, & le *si* qui est naturel comme Bémol.

EXEMPLE.

Lorsqu'au contraire on trouve plus de notes Bémols que de notes naturelles, il faut regarder celles qui sont Bémols comme naturelles, & celles qui sont naturelles comme Dièzes; par exemple: si on trouve *si*, *mi*, *la*, *ré*, *sol*, *ut*, Bémols à la clef, il faut régarder ces six notes comme naturelles, & le *fa* qui est naturel comme Dièze, alors au lieu de six accidens il n'y en aura qu'un.

EXEMPLE.

Il est un autre moyen plus facile en apparence, & qui semble applanir encore d'avantage les difficultés; c'est ce qu'on appelle chanter par transposition : lorsqu'à la clef il y a un ou plusieurs Dièzes, on donne au dernier le nom de *si*; ensuite on décompte de cette note, soit en montant, soit en descendant, & la premiere note qu'on rencontre portant le nom d une clef, donne son nom à une clef imaginaire que l'on suppose en place de celle qui est accompagnée de Dièzes : au moyen de cette espece de transposition, si l'air est majeur, il doit nécessairement se trouver en *ut*, s'il est mineur il se trouve en *la*.

EXEMPLE.

Si au contraire il y a un ou plusieurs Bémols à la clef, on donne au dernier le nom de *fa*; on décompte ensuite de cette note soit en montant, soit en descendant, & la premiere note que l'on rencontre portant le nom d'une clef, donne son nom à une nouvelle clef, que l'on suppose en place de celle qui est accompagnée de Bémols ; au moyen de cette transposition, si l'air est mineur, il doit nécessairement se trouver en *la*, s'il est majeur il se trouve en *ut*.

EXEMPLE.

Ce moyen paroît d'abord préférable, en ce que ce changement de clef fait toujours chanter au naturel, & on ne prétend pas absolument le condamner; mais il est bon d'observer que la transposition ne supprime que les Dièzes qui sont à la clef, & non ceux qui se rencontrent dans le courant du chant; or si l'on ne peut se dispenser de faire ceux-ci, pourquoi ne parviendroit-on pas à faire les autres? D'ailleurs pour faire usage de cette méthode, il faudroit déja avoir acquis l'habitude de chanter au naturel sur toutes les clefs, puisqu'en puiſqu'en tranſpoſant, on eſt ſans ceſſe obligé de nommer une autre note que celle qu'on a ſous les yeux; ce qui préſente à chaque inſtant une nouvelle difficulté, & cauſe pour le moins autant d'embarras que les Dièzes que l'on veut éviter.

La méthode de la tranſpoſition n'eſt pas moins contraire à un principe, dont l'obſervation ne peut que hâter les progrès dans la Muſique : c'eſt de s'attacher d'abord à une clef & de ne point la quitter, qu'on ne ſoit devenu Muſicien; pour lors, n'étant plus embarraſſé de la valeur des notes, ni de l'intonation, il eſt aiſé d'apprendre à lire ſur les autres clefs, on peut même y parvenir aiſément ſans le ſecours du Maître; or, la méthode de la tranſpoſition éloigne néceſſairement de ce principe, puiſqu'elle oblige de paſſer à chaque inſtant d'une clef à l'autre ſelon le nombre des Dièzes ou des Bémols qu'on veut ſupprimer. Au reſte, l'expérience confirme tous les jours que cette méthode, loin de hâter les progrès des Eleves, ne ſert qu'à les retarder & à former des Muſiciens imparfaits.

Il y a dans la Muſique ſix figures de notes pour la durée des ſons, que l'on nomme *ronde*, *blanche*, *noire*, *croche*, *double-croche*, *triple-croche*.

EXEMPLE.

ronde. blanche. noire. croche. double-croche. triple-croche.

Il y a de même ſix figures de pauſes pour la durée des ſilences que l'on nomme pauſe, demi-pauſe, ſoupir, demi-ſoupir, quart de ſoupir, demi-quart de ſoupir.

EXEMPLE.

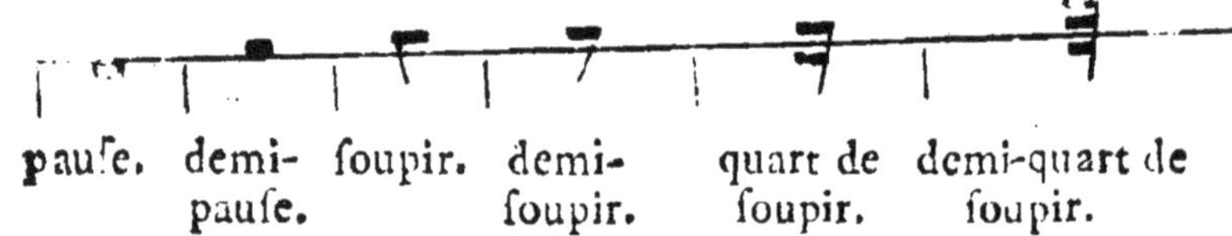

Chaque figure de pauſe a autant de valeur que la note qu'elle repréſente: la pauſe vaut une ronde; la demi-pauſe, une blanche; le ſoupir, vaut une noire; le demi-ſoupir, une croche; le quart de ſoupir, vaut une double-croche, & le demi-quart de ſoupir, une triple-croche.

Indépendamment de ces ſix figures de pauſes il y a le bâton de quatre meſures renfermé perpendiculairement, dans trois lignes, & le bâton de deux meſures, renfermé dans deux.

EXEMPLE.

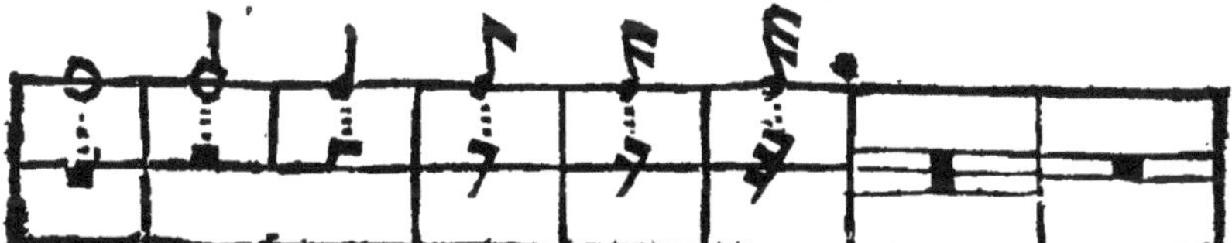

La ronde ſe diviſe en trente-deux parties, la blanche eſt la moitié de la ronde, la noire en eſt la quatrieme partie, la croche la huitieme, la double-croche la ſeizieme, & la triple-croche la trente-deuxieme; on doit concevoir par-là, que la ronde vaut deux blanches, quatre noires, huit croches, ſeize double-croches ou trente-deux triple-croches.

La blanche, vaut deux noires, quatre croches, huit doubles, ou ſeize triple-croches.

La noire, vaut deux croches, quatre doubles, ou huit triples-croches.

La croche, vaut deux doubles-croches, ou quatre triples.

La double croche, vaut deux triples-croches.

On se sert quelquefois de quadruples-croches, mais rarement.

EXEMPLE.

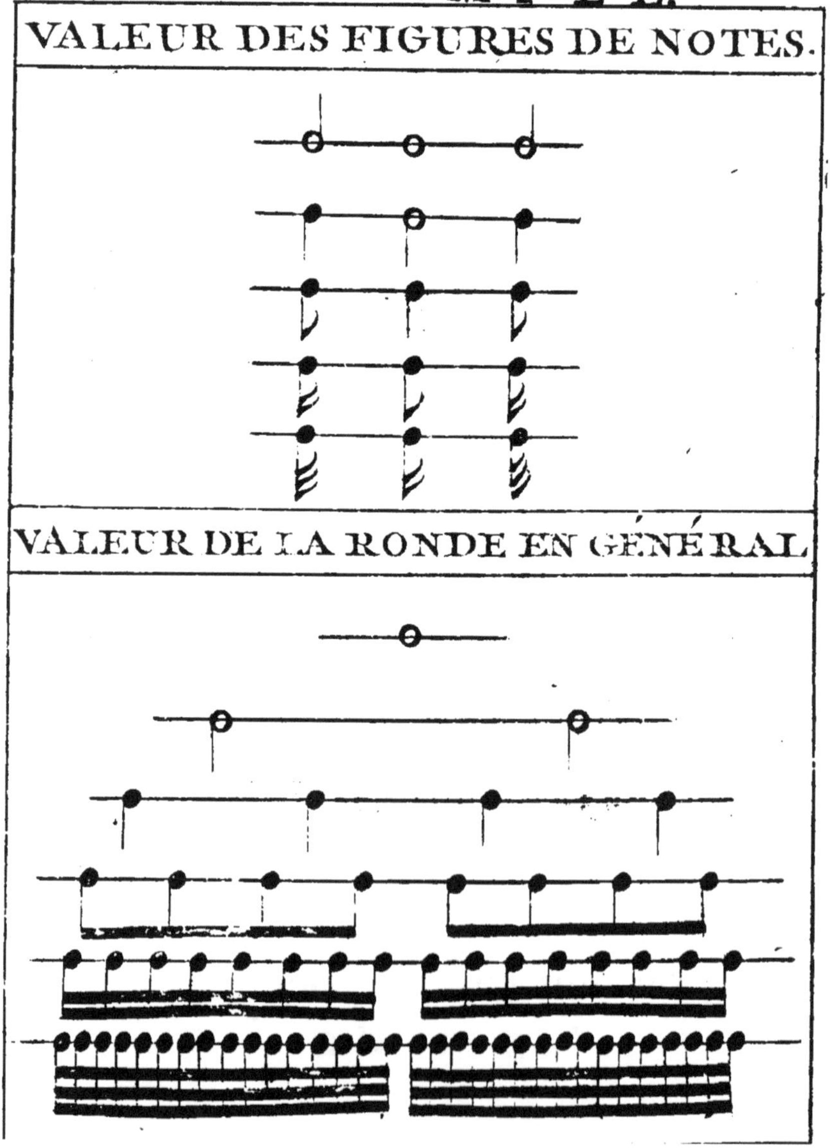

VALEUR DES FIGURES DE NOTES.

VALEUR DE LA RONDE EN GÉNÉRAL

EXEMPLE.

VALEUR DES FIGURES DE POSES.

VALEUR DE LA POSE EN GÉNÉRAL.

On se sert du point - qui vaut toujours la moitié de la note qui le précede ; s'il est après une ronde, il vaut une blanche ; après une blanche, il vaut une noire ; ainsi de suite jusqu'à la double-croche, après laquelle il vaut une triple-croche.

EXEMPLE.

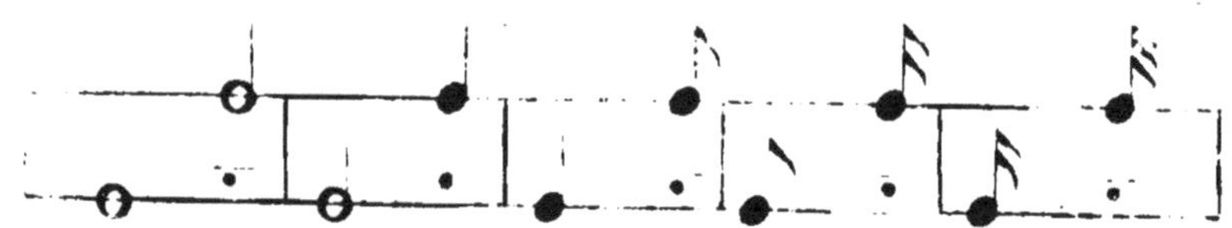

Les notes qui sont au-dessus des points en marquent la valeur.

Il y a dans la Musique trois mesures primitives, qui sont la mesure à deux, à trois & à quatre temps.

La mesure à deux temps se marque par un deux 2 ou par un C barré ; la mesure à deux temps ainsi figurée C, indique un mouvement grave, & le 2 un mouvement léger.

La ronde dans cette mesure vaut

deux temps, c'eſt-à-dire, que ſur la ronde, on garde la durée du ſon, le temps du frappé & du levé; il faut une blanche pour un temps, & deux pour la meſure; deux noires pour un temps, quatre pour la meſure; quatre croches pour un temps, huit pour la meſure; huit doubles-croches pour un temps, ſeize pour la meſure; ſeize triples-croches pour un temps, & trente-deux pour la meſure.

Il en eſt des figures de pauſes comme des figures de notes pour les valeurs, c'eſt-à-dire, que chaque figure de pauſe vaut autant que la note qu'elle repréſente, comme on la déja dit: la pauſe dans cette meſure vaut deux temps, ainſi que la ronde, puiſqu'elle la repréſente; la demi-pauſe vaut un temps, ainſi du reſte.

La meſure à trois temps ſe marque ainſi 3; on frappe pour le premier temps, on tourne la main à droite pour le ſecond, on leve pour le troſieme.

On ne ſe ſert pas de la ronde dans cette meſure ; une blanche pointée vaut la meſure entiere ; il faut une noire pour un temps, & trois pour la meſure ; deux croches pour un temps, ſix pour la meſure ; quatre doubles-croches pour un temps, douze pour la meſure ; huit triples-croches pour un temps, & vingt-quatre pour la meſure.

Dans cette meſure, il en eſt des pauſes comme des notes pour les valeurs, excepté qu'on ſe ſert de la pauſe, quoiqu'on ne ſe ſerve pas de la ronde ; en général la pauſe vaut toujours la meſure entiere dans toutes les meſures.

La meſure à quatre temps ſe marque ainſi C, on frappe pour le premier temps, on tourne la main à gauche pour le ſecond, à droite pour le troiſieme, & on leve pour le quatrieme.

La ronde dans cette meſure vaut quatre temps, il faut une blanche pour deux tems, & deux pour la meſure ; une noire pour un temps, & quatre pour la meſure ; deux croches pour un temps, & huit pour la meſure; quatre doubles-croches pour un temps, & ſeize pour la meſure, huit triples-croches pour un temps, & trente-deux pour la meſure.

La pauſe dans cette meſure vaut quatre temps, la demi-pauſe en vaut deux, ainſi du reſte.

Il n'y a que ces trois manieres de battre la meſure; les meſures, qu'on appelle dérivées ou compoſées, ſe battent de même, & ne different de ces trois premieres, que par la valeur des notes.

Les meſures derivées de la meſure à deux temps, ſont les meſures deux-quatre $\frac{2}{4}$, ſix quatre $\frac{6}{4}$ & ſix huit $\frac{6}{8}$.

Celles qui ſont dérivées de la meſure à trois temps, ſont les meſures trois deux $\frac{3}{2}$, trois huit $\frac{3}{8}$, neuf quatre, $\frac{9}{4}$ & neuf huit $\frac{9}{8}$; on rencontre auſſi la meſure $\frac{3}{4}$, mais elle ne differe pas de la meſure à trois temps ſimple.

Les mesures dérivées de la mesure à quatre temps, sont les mesures douze quatre $\frac{12}{4}$ & douze huit $\frac{12}{8}$.

S'il arrive qu'on oublie le mouvement des mesures qui ne sont point indiquées par un 2 ou un 3, qu'on se souvienne que toutes les fois que le chiffre supérieur fait nombre pair, la mesure se bat à deux temps ; s'il donne nombre impair, elle se bat à trois temps; si le signe supérieur est double, elle se bat à quatre temps.

Observez pareillement dans les mesures composées, que le signe supérieur simple ou multiplié donne le nombre des notes que doit emporter la mesure ; l'inférieur en indique la figure; par exemple : dans la mesure à deux quatre $\frac{2}{4}$, le chiffre supérieur dit qu'il faut deux notes pour la mesure, & l'inférieur indique que ces mêmes notes doivent être des quatriemes de ronde. Ce principe posé, il est aisé de partager les temps dans toutes les mesures composées.

A la meſure à deux & à trois temps ſimple, il eſt d'uſage de pointer les croches de deux en deux, c'eſt-à-dire que l'on paſſe la ſeconde des deux croches un peu plus bréve que la premiere, quoiqu'étant d'une valeur égale.

A la meſure à quatre temps on pointe les doubles-croches.

Dans les meſures ſix quatre $\frac{6}{4}$, neuf quatre $\frac{9}{4}$ & douze quatre $\frac{12}{4}$, on pointe les croches.

Dans les meſures deux quatre $\frac{2}{4}$, ſix huit $\frac{6}{8}$, trois huit $\frac{3}{8}$ neuf huit $\frac{9}{8}$ & douze huit $\frac{12}{8}$, on pointe les doubles-croches.

Dans la meſure à trois deux $\frac{3}{2}$, on pointe les noires ou les croches-blanches, de deux en deux.

Parmi les gens de l'art, il en eſt qui prétendent que ce principe ne doit avoir lieu que lorſque ces notes ſont précédées chacunes d'un point; il en eſt d'autres qui reconnoiſſent une différence ſenſible entre la maniere de donner une valeur égale à ces notes, de les pointer légérement de deux en deux, ou de les pointer d'une maniere plus marquée, lorſqu'elle eſt indiquée par les points qui précedent les notes breves. Comme on n'eſt pas parfaitement d'accord ſur ce principe, on choiſira dans les trois manieres celle qui ſera la plus propre au genre de muſique qu'on exécutera.

On fait uſage d'une liaiſon ainſi tracée ⁀. Quand elle eſt au deſſus ou au deſſous de deux notes qui ſont ſur la même ligne, ou dans le même intervalle, elle ſert à n'en prononcer qu'une à qui l'on donne la valeur des deux notes qui ſont liées.

EXEMPLE.

Quand dans un air, ſous lequel il y a des paroles, elle eſt au-deſſus de pluſieurs notes qui ne ſont ni ſur la même ligne, ni dans le même intervalle, elle indique que les notes qu'elle contient ſont pour une ſyllable ou pour un ſeul coup d'archet dans un air de ſymphonie.

EXEMPLE.

Lorſque la liaiſon ſe fait du temps foible au temps fort, elle prend le nom de ſincope.

EXEMPLE.

Quelquefois là ſyncope ſe pratique ſans liaiſon : alors c'eſt une note entre deux autres de moindre valeur, laquelle note commence ſur la fin d'un temps & finit au commencement de l'autre.

EXEMPLE.

Quelquefois les notes ſont ſyncopées dans le même temps.

Dans tous les cas où il y a ſyncope ; il faut enfler le ſon ſur la ſeconde partie de chaque note ſyncopée ; différence eſſentielle entre la ſyncope & la liaiſon.

OBSERVATIONS.

Pour faire des progrès dans la Musique & étudier avec fruit, il faut commencer par chercher dans qu'elle Gamme est l'air que l'on veut apprendre, savoir si cette Gamme est majeure ou mineure; ensuite se rendre compte de la valeur des notes relativement à la mesure indiquée après la clef.

Il n'est pas inutile de remarquer aussi, que de quelque note que l'on parte dans toutes les Gammes majeures, les deux demi-tons doivent être toujours de la troisieme à la quatrieme note, & de la septieme à la huitieme, comme dans la Gamme naturelle d'*ut* & que dans les Gammes mineures, c'est de la seconde à la troisieme note, & de la cinquieme à la sixieme, comme dans la Gamme mineure de *la* qui en est le modele.

MANIERE de connoître la Gamme dans laquelle on chante.

Une Gamme ne peut commencer que par la premiere note que l'on nomme *tonique*, par la troisieme en montant que l'on nomme *médiante*, ou par la cinquieme que l'on nomme *dominante*. Il eſt eſſentiel de ſavoir auſſi que ce qu'on appelle note *ſenſible*, eſt la note qui fait ſeptieme avec la *tonique* ou premiere note d'une Gamme; cette ſeptieme doit être composée de cinq tons & d'un demi-ton: cette note eſt appellée *ſenſible*, parce qu'elle fait ſentir la Gamme dans laquelle on eſt.

Lorſqu'il n'y a ni Dièze, ni Bémol à la clef, on eſt dans la Gamme majeure d'*ut* ou dans la Gamme mineure de *la*; alors pour pouvoir diſtinguer celle dans laquelle on eſt, il faut ſavoir que la Gamme mineure de *la* exige un Dièze accidentel ſur *ſol*, lorſque ce *ſol* monte au *la*, afin que l'intervalle du *ſol* au *la*, qui eſt composé d'un ton, ne le ſoit que d'un demi-ton, comme du *ſi* à l'*ut* dans la Gamme d'*ut* : or, toutes les fois qu'il n'y aura, ni Dièze, ni Bémol à la clef, & qu'on rencontrera un Dièze accidentel ſur *ſol*, on ſera en *la* mineur, ſi on n'en rencontre pas ſur *ſol* montant au *la*, on ſera en *ut* majeur. On pourroit être en *la* mineur quoique le *ſol* fût naturel, mais alors ce *ſol* deſcend ſur *fa*.

EXEMPLE.

Les Dièzes que l'on rencontre à la clef appartiennent de même à deux Gammes différentes, dont l'une eſt majeure & l'autre mineure ; la note qui eſt au-deſſus du dernier Dièze donne ſon nom à la Gamme majeure dans laquelle on peut être ; la note au-dessous de ce même Dièze, donne son nom à la Gamme mineure. Il est aisé de voir, par ce principe, que s'il y a un *fa* Dièze à la clef, on doit être en *sol* majeur ou en *mi* mineur, puisque la note qui est au-dessus du Dièze *fa* est un *sol*, & que celle qui est au-dessous de ce même Dièze est un *mi* ; pour être en *mi* mineur, il faut rencontrer un Dièze accidentel sur *ré*, afin que l'intervalle du *ré* au *mi*, qui est encore composé d'un ton, ne le soit que d'un demi-ton, comme du *sol* Dièze au *la* dans la Gamme de *la*.

EXEMPLE.

Il faut observer qu'entre les Gammes majeures & les Gammes mineures, qui ont le même nombre de Dièzes à la clef, il y a cette différence que les Gammes mineures exigent un Dièze de plus que les majeures, & ce Dièze accidentel doit toujours se trouver sur la septieme note de la Gamme mineure en montant, afin qu'il n'y ait jamais qu'un demi-ton de la septieme note à la huitieme, comme du *sol* Dièze au *la* dans la Gamme mineure de *la*, ainsi qu'il a été dit ci-dessus.

Les Bémols que l'on rencontre à la clef appartiennent aussi à deux Gammes différentes, dont l'une est majeure & l'autre mineure; la quatrieme note au-dessous du dernier Bémol donne son nom à la Gamme majeure dans laquelle on peut être; la sixieme note au-dessous de ce même Bémol donne son nom à la Gamme mineure; de sorte que s'il y a un *si* Bémol à la clef, on est en *fa* majeur ou en *ré* mineur, puisque la quatrieme note au-dessous du Bémol *si* est un *fa*, & que la sixieme au-dessous de ce même Bémol est un *ré*. Pour être en *ré* mineur, il faut rencontrer un Dièze accidentel ſur *ut*, lorſqu'il monte au *ré*, afin que l'intervalle de l'*ut* au *ré*, qui eſt compoſé d'un ton, ne le ſoit que d'un demi-ton, comme du *ſol* Dièze au *la* dans la Gamme de *la*.

EXEMPLE.

S'il y a trois Bémols à la clef, ſavoir: *ſi*, *mi*, *la* Bémols, on eſt en *mi* Bémol majeur ou en *ut* mineur, puiſque la quatrieme note au-deſſous du dernier Bémol *la* eſt un *mi* Bémol, & que la ſixieme au-deſſous de ce même Bémol eſt un *ut*: pour être en *ut* mineur, il faut rencontrer un Béquarre ſur *ſi* lorſqu'il monte à *ut*, afin que l'intervalle du *ſi* à l'*ut*, qui eſt compoſé d'un ton par rapport au Bémol ſur *ſi*, ne le ſoit que d'un demi-ton, comme on l'a vu dans l'exemple de *la* mineur entre *ſol* Dièze & *la*.

EXEMPLE.

Dans toute autre Gamme mineure où il entre plus de trois Bémols, il faudra trouver de même un Béquarre ſur la note qui fait ſeptieme avec la tonique mineure, lorſque cette ſeptieme note montera à la note tonique.

Moyen de ſavoir combien les différentes Gammes, tant majeures que mineures, exigent de Dièzes ou de Bémōls à la clef.

PREMIERE REGLE.

Dans les Gammes majeures par Dièze, il faut regarder la note qui fait ſeptieme avec une tonique quelconque, comme devant toujours être Dièze, ensuite chercher le rang de ce Dièze dans l'ordre de leurs positions ; par exemple : si l'on veut savoir combien la Gamme de *sol* en exige, il faut regarder le *fa* comme devant être Dièze, puisqu'il fait septieme avec la tonique *sol* ; comme ce *fa* est le premier dans le rang des Dièzes, il n'en faut qu'un.

DEUXIEME REGLE.

Dans les Gammes mineures par Dièze, il faut regarder la note qui est au-dessus d'une tonique quelconque, comme devant toujours être Dièze & chercher de même le rang de ce Dièze dans l'ordre de leurs positions : si l'on veut savoir combien la Gamme mineure de *mi* en exige, il faut regarder le *fa* qui est au-dessus de la tonique *mi*, comme devant être Dièze ; ce *fa* n'étant encore que le premier dans le rang des Dièzes, il n'en faut qu'un. On voit par-là, que cette Gamme n'exige qu'un Dièze à la clef, ainsi que la Gamme majeure de *sol*.

TROISIEME REGLE.

Dans les Gammes majeures par Bémol, il faut regarder la quatrieme note, au-dessus d'une tonique quelconque, comme devant toujours être Bémol & chercher le rang de ce Bémol dans l'ordre de leurs positions : si l'on veut savoir combien la Gamme de *fa* en exige, il faut regarder le *si* comme devant être Bémol, puisqu'il est la quatrieme note au dessus de la tonique *fa* : comme ce *si* est le premier dans le rang des Bémols, il n'en faut qu'un.

QUATRIEME REGLE.

Dans les Gammes mineures par Bémol, il faut regarder la sixieme note au-dessus d'une tonique quelconque, comme devant être Bémol, & chercher quel rang tient ce Bémol dans l'ordre de leurs positions : si l'on veut savoir combien la Gamme mineure de *ré* mineure en exige, il faut regarder le *ſi* comme devant être Bémol, puiſqu'il eſt la ſixieme note au-deſſus de la tonique *ré*: comme ce *ſi* eſt encore le premier dans le rang des Bémols, il n'en faut qu'un.

Il eſt eſſentiel de ſe reſſouvenir de ces quatre regles, & de ſe les rendre familieres, pour pouvoir tranſpoſer un air dans tous les tons (*), & par conſéquent, ſur toutes les clefs. Avant de s'appliquer à ce genre d'étude, il faut commencer par ſavoir dans quel ton eſt l'air qu'on veut tranſpoſer, remarquer s'il eſt majeur ou mineur, & voir par quelle note il commence; que l'air ſoit majeur ou mineur, il doit être le même dans toutes les tranſpoſitions.

Si l'air commence par la tonique, & que par un changement de clef, cette note prenne un autre nom, elle ſera de même tonique du ton tranſpoſé; s'il commence par la médiante, cette

(*) Ce mot *Ton* eſt ici ſynonime de *Gamme*.

cette médiante deviendra la médiante du ton transposé ; si c'est par la dominante, cette dominante deviendra la dominante du ton transposé. Supposez que l'air soit en *ut* majeur & qu'il commence par la tonique *ut*; si par un changement de clef, cet *ut* devient *ré*, ce *ré* deviendra tonique du ton transposé; par conséquent, on sera en *ré* majeur; s'il commence par *mi*, qui est la médiante d'*ut*, & que par le changement de clef ce *mi* devienne *fa*✻, ce *fa*✻ devient aussi la médiante du ton transposé ; s'il commence par *sol*, qui est la dominante d'*ut*, & que par le changement de clef, ce *sol* devienne *la*, ce *la* devient aussi la dominante du ton transposé. On se rappellera que la note que l'on nomme tonique est la premiere note de la Gamme, que la médiante en est la troisieme, & que la dominante en est la cinquieme.

On voit par cette méthode qu'on peut apprendre à solfier sur toutes les clefs, sans les avoir sous les yeux;

il ſuffit de ſe les repréſenter à l'imagination pour y parvenir ; par ce moyen on évite non-ſeulement la multiplicité des leçons élémentaires, mais encore on apprend à connoître combien les différentes Gammes, tant majeures que mineures, exigent de Dièzes ou de Bémols après la clef, ce qui eſt clairement développé dans la premiere, deuxieme, troiſieme & quatrieme regle.

DU CHANT.

L'ART de chanter s'exprime mieux qu'on ne peut le décrire; auſſi ne prétend-on pas en donner ici les principes qui n'exiſtent que dans la maniere de ſentir. On ſe propoſe ſeulement de faire obſerver aux Eleves, qui ont des diſpoſitions & aſſez d'amour-propre pour vouloir ſe diſtinguer dans cette partie, que pour parvenir à bien chanter, il faut commencer par s'attacher à une belle prononciation, ouvrir la bouche de maniere qu'on puiſſe diſtinguer le ſon que chaque voyelle doit avoir; c'eſt par ce moyen qu'on parvient à corriger le défaut de chanter du nez ou de la gorge. Il faut éviter de couper les mots en deux, pas mêmes les phraſes lorſqu'elles ne ſont pas ſuſceptibles d'être partagées. Avant de chanter, on n'oubliera pas non plus de lire les paroles de l'air ſur lequel on veut ſe perfectionner, afin d'en connoître le ſens & chercher à le rendre par des nuances analogues au ſujet.

AGRÉMENS DU CHANT,

Tirés du Dictionnaire de Rousseau.

Les agremens du chant qui sont le plus généralement reçus, sont au nombre de neuf; savoir: *l'accent*, la *cadence* pleine, la *cadence* brisée, le *coulé*, le *martellement*, le *flatté*, le

port de voix achevé, le *port de voix* jetté, le *son enflé* & diminué.

EXPLICATION

Des termes Italiens que l'on place au commencement de chaque air, pour en indiquer le mouvement. Tirés du Solfege d'Italie.

Cantabile, chanter aisément sans forcer ni gêner la voix.

Largo, le plus lent des mouvemens; il exige que les sons soient filés.

Larghetto, un peu moins lent que le *Largo*.

Adagio, posément.

Affectuoso, affectueusement, mouvement moyen entre *l'andante* & *l'adagio*.

Andante, gracieusement & marqué.

Andantino, un peu moins vite que *l'andante*.

Allegro, gai.

Allegretto, moins vif que *l'allegro*.

Amoroso, tendrement, passionnément.

Vivace, gai & animé.
Presto, vîte.
Prestissimo ou *presto assai*, très-vîte.
Conbrio, avec gaieté & éclat.
Tempo giusto, dans le mouvement propre à la mesure.
Grazioso, gracieusement.
Moderato, mouvement moyen entre le lent & le gai.
Sostenuto, soutenu.
Mezzo forte ou *mezza voce*, à demi-voix ou à demi-jeu.
Piano ou *dolce*, doux.
Pianissimo, très-doux.
Forte, fort.
Fortissimo, très-fort.

Outre le point dont on a parlé, il y en a encore de différentes especes: les uns se nomment point d'orgue ou de repos, & les autres, points détachés. Les points détachés se placent au-dessus ou au-dessous des notes, pour avertir qu'elles doivent se prononcer séchement & détachées; le point de repos se met au-dessus des notes pour suspendre la mesure. Si ce point est sur la note finale d'une seule partie, alors on l'appelle point d'orgue : il faut continuer le son de cette note, jusqu'à ce que les autres parties arrivent à leur conclusion naturelle.

Points d'orgue ou de repos. Points détachés.

La reprise est un signe de répétition; quand la reprise est ponctuée à gauche & à droite, elle marque qu'il faut recommencer deux fois ce qui la précede & ce qui la suit; quand elle a seulement des points à sa gauche, on ne répete que ce qui précede; quand au contraire elle n'en a qu'à sa droite, on ne répete que ce qui suit.

Le renvoi est un signe qui se place au-dessus de la ligne, & qui indique l'endroit ou il faut reprendre.

Le guidon est encore un petit signe

qui se met à la fin de chaque ligne, pour indiquer la note qui commence la ligne suivante.

EXEMPLES.

Reprises. Renvois. Guidons.

FIN.

www.ingramcontent.com/pod-product-compliance
Ingram Content Group UK Ltd.
Pitfield, Milton Keynes, MK11 3LW, UK
UKHW021502260726
13993UKWH00004B/1522

9 782329 345468